Benjamin Tambwe

LE QUOTIDIEN D'UN GAGNANT

Benjamin Tambwe

LE QUOTIDIEN D'UN GAGNANT

40 leçons pour vivre la vie de vos rêves

Éditions Vie

Cover image: www.ingimage.com

Publisher:
Éditions Vie
is a trademark of
Dodo Books Indian Ocean Ltd. and OmniScriptum S.R.L publishing group

120 High Road, East Finchley, London, N2 9ED, United Kingdom
Str. Armeneasca 28/1, office 1, Chisinau MD-2012, Republic of Moldova, Europe
Printed at: see last page
ISBN: 978-613-9-59473-3

Les pensées humaines créent nos réalités. Lorsque nous avons des pensées positives, nous créons une réalité positive.

Lorsque nous croyons en nous-mêmes et en notre capacité à atteindre nos objectifs, nous avons plus de chances de réussir.

Tout est possible si nous y réfléchissons.

Nous sommes les seuls qui nous retiennent de la réalisation de nos rêves. Lorsque nous avons la volonté d'essayer et la conviction que c'est possible, nous pouvons tout réaliser.

Très important de se fixer des objectifs et de passer à l'action. Lorsque nous avons des objectifs clairs et que nous prenons des mesures pour les atteindre, nous avons plus de chances de réussir.

Le travail acharné et le dévouement sont essentiels au succès. Lorsque nous sommes prêts à faire d'efforts supplémentaires, nous serons récompensés par nos efforts.

L'auteur

Leçon 1

Savoir vivre dans un monde compromis

Remarquez-vous dans le monde actuel, nos gouvernements sont séduits par les offres des sectes, des groupes ou des États envoyés ou manipulés par le diable. En contrepartie, ils imposent leur loi, leur mode de pensée avec des objectifs clairs à atteindre.

Tout cela pour égarer les enfants de Dieu ou les éloigner de leur Dieu. Tous les statuts et toutes les couches sociales sont confrontés aux idéologies des puissants de ce monde.

Cependant, ne vous laissez pas intimider dans ce monde compromis, par les billets de banque, par des postes administratifs ... Vous devez plutôt imposer votre foi en Dieu, la clé d'une vie sans compromis.

Ne vous laissez pas distraire par quoi que ce soit, mais en toutes circonstances restez focus, en vue de ne pas bafouer votre dignité spirituelle.

Pour terminer, il est important de comprendre que vous êtes prédestiné (e) à vivre pour plaire à Dieu et non aux hommes.

Leçon 2

Ne soyez pas un scandale !

Les scandales son les acteurs du chaos dans le monde. Mais vous conviendrez avec moi que leur hôte dans ce monde, est l'Homme.

Le monde a connu une grande secousse en 1945, avec la seconde guerre mondiale qui a paralysé des familles, tué des millions d'humains, sans compter les dégâts matériels. En apparence, cela semble être un malheur ; mais la cause profonde de toutes ces destructions est l'idéologie d'un homme du nom de Hitler.

Ce que vous devez comprendre avec ce que je dis, est que la mort, les crises, les divisions et les déceptions sont des esprits qui sont autour du monde, mais leur entrée en jeu dans un domaine nécessite la collaboration d'un Homme.

Vous réalisez que la mort et divers événements sont purement d'origine spirituelle. Et ceux qu'ils transitent dans l'humanité, sont des hommes comme vous et moi. Voyez-vous ?

Il y a beaucoup de personnes qui ont fait l'objet de scandale, affaiblissant la foi de certains, des divisions dans des familles à cause des commérages d'une personne, des maladies transmises à des enfants par l'infidélité d'un parent, la famine entrée dans des pays par des dirigeants avides d'argent, des églises fragilisées par des scandales sexuels, la destruction de la nature à cause des mentalités insalubres.

Ne soyez plus de ceux par qui viennent les problèmes, la disparition de foi, les divisions et les commérages, etc.

Décidez dès aujourd'hui d'avoir un témoignage vivant autour de vous, pour discréditer les œuvres des ténèbres.

Leçon 3

Soyez un modèle pour les autres

Le monde dans lequel nous vivons rencontre de sérieux problèmes, remettant en doute chaque jour, une partie de son système.

Des solutions et idéaux sont suggérés et mis en place, mais ils viennent tous avec leurs lots de conséquences sur l'Homme et sur la nature.

Trouver une personne fiable est devenu une possibilité rare, car chacun pense à ses intérêts. L'argent même qui est la quête la plus commune a montré ses limites. Mêmes les plus riches connaissent le divorce, la dépression, l'addiction, et leur richesse ne les rend pas plus crédibles.

En voulant se livrer à ses propres volontés et à ses passions, l'Homme s'est enfermé dans un gouffre qui l'a éloigné de Dieu et l'a entraîné dans un véritable chaos. Il recherche maintenant un confort dans les choses viles ; ce qui ne fait que traduire son besoin ardent de Dieu et d'une manière renouvelée de vivre.

Dans un tel tableau, on aurait dit que le monde est plein de désespoir et sans avenir. Mais Dieu n'a pas oublié Sa création car Il y tient comme la prunelle à Ses yeux. C'est pourquoi Il s'est choisi une armée d'ambassadeurs, appelés pour être le prototype de cette vie renouvelée.

Si vous faites partie de cette armée de rachetés, sachez que votre mission est grande : c'est celle du plan du salut du monde. Sachez que chaque instant de votre vie doit compter pour guérir ce monde perdu.

Sachez que les seuls modèles qui restent pour le monde, c'est vous, rachetés de Dieu. Pas seulement pour les choses spirituelles, mais dans tous les domaines de votre vie. Pour cela, vous devez être une référence selon les standards divins.

Tous vos faits et gestes comptent ; non pas pour être jugés mais pour être des exemples. L'excellence est votre destination car vous êtes les enfants d'un Dieu excellent. Autant que vous le pouvez, faites toutes choses pour honorer ce caractère de Dieu dans votre vie.

Et quand surviennent le découragement et la tentation, souvenez-vous que si vous abandonnez, le monde court à sa perte. Dieu vous fait confiance, c'est pourquoi Il a décidé de passer par vous pour y arriver.

Leçon 4

Fortifiez-vous et prenez courage !

Aux jeux olympiques Tokyo 2020, la hollandaise Sifan Hassan tomba lors de la série des courses du 1500 mètres.

Cependant celle-ci ne resta pas à terre et se releva rapidement, continua la course et remporta la compétition. Cela n'aurait pas été possible si elle n'y avait pas cru.

A l'image de cette athlète, relevez-vous, confrontez ce qui est pour vous un obstacle, et ayez toujours les yeux fixés sur les promesses de Dieu et ce qu'Il dit de vous. Même si elles tardent, elles finiront par s'accomplir, car Dieu veille sur Sa Parole pour l'accomplir.

Vous êtes l'ouvrage de Dieu. Donc, quoi de mieux que de laisser Celui qui a tout prévu avant votre création, vous conduire et Lui faire confiance en n'abandonnant pas.

Dieu vous demande de vous fortifier et de prendre courage, car Il sait que cela ne sera pas facile.

Dieu croit que vous êtes fort (e) et capable de vous relever et d'affronter toutes situations de votre vie. Pour y parvenir, il faudrait qu'il y ait un renouvellement de votre intelligence.

Leçon 5

Marchez d'une manière digne !

Le mot « digne » signifie d'abord : qui mérite quelque chose ; ensuite : qui a de l'honnêteté, de la probité, qui mérite de l'estime ; enfin : qui est en conformité, en convenance, en proportion avec quelque chose.

De ce fait, trois aspects fondamentaux feront l'objet de la compréhension de ce thème.

Le premier aspect concerne la marche qui mérite quelque chose. Votre marche doit être une marche qui mérite d'abord le salut éternel.

De plus, le second aspect aborde la question de l'honnêteté, de la probité... Vivez pour plaire à Dieu, évitez de marcher dans le faux, dans une vie double pleine de déshonneur.

Enfin, voyez votre attitude en conformité, en convenance, en proportion avec quelque chose. Et, cette chose n'est rien d'autre que la Parole de Dieu. Vous devez la lire, la méditer et l'exécuter quotidiennement.

Leçon 6

Focalisez-vous sur votre esprit !

Vous devez savoir que l'Homme a été créé ; il n'est pas le produit d'une évolution comme certains pourraient le penser ou le dire.

L'Homme est composé de trois dimensions qui interagissent ensemble, à savoir : l'esprit, l'âme et le corps. En réalité, l'Homme est esprit ; il possède une âme et habite un corps. Dans l'appellation de ces trois parties, il y a un ordre de noblesse : l'esprit, l'âme et le corps, et non l'inverse.

Chez l'Homme, l'esprit est la dimension qui le met étroitement en relation avec l'Esprit de Dieu. C'est ce par quoi vous êtes capable de recevoir en vous l'Esprit de Dieu, et d'entendre ce qu'Il vous dit, ce qu'Il veut vous faire savoir, pour avancer au-delà de ce que vous êtes.

C'est donc par votre esprit que vous pouvez entrer en relation avec Dieu, qui est le Créateur de toutes choses.

En effet, votre esprit est étroitement lié à votre intelligence, à votre sensibilité et à la liberté. L'esprit, c'est ce qui en l'Homme, lui permet d'accéder directement par sa sensibilité spirituelle, à l'Esprit qui est la puissance créatrice de Dieu, et de recevoir un message par son intelligence, lui permettant d'orienter dans telle ou telle autre direction son existence.

En vous focalisant sur votre esprit, vous pouvez discerner quelle est la volonté de Dieu, et marcher chaque jour pour Lui plaire.

En définitive, en vous focalisant sur votre esprit, vous allez éviter le péché et plaire à Dieu, en vivant une vie paisible.

Leçon 7

Soyez un esprit supérieur !

Si vous étudiez de près la vie de toutes ces personnes qui ont eu une percée incroyable et qui ont fait des découvertes révolutionnaires, vous remarquerez qu'elles ont toutes un dénominateur commun.

Que ce soit dans le domaine médical, industriel ou scientifique, ceux que le monde a surnommé « les étoiles » à un moment donné de leur vie, ont eu une rencontre avec le monde invisible.

Dominer dans ce monde n'est pas juste une question de connaissances et de compétences acquises dans des salles de classe ou dans une formation quelconque.

Les esprits supérieurs se distinguent par leurs capacités à emmener les choses surnaturelles dans le naturel. Leurs paroles mettent en mouvement le spirituel et apportent les évidences dans le physique.

Les esprits supérieurs savent se connecter au monde des esprits et prendre les informations nécessaires. Ils savent exercer leurs esprits pour comprendre les mystères de Dieu et les décoder.

Sachez que ce qui entre dans votre corps ou dans votre âme détermine le type d'esprit que vous avez. Mieux, les personnes avec qui vous communiez déterminent aussi la qualité d'esprit que vous êtes.

Manifestez cette supériorité ! Assujettissez votre corps et votre âme, privez-vous des souillures de ce monde ; puis, attachez-vous à Dieu, l'Esprit.

Leçon 8

Vivre selon les lois spirituelles

La plupart du temps, les solutions mettent du temps à être trouvées à cause de l'ignorance de la source. L' homme est un être pluridimensionnel : il est corps (physique), âme (émotionnel) et esprit (spirituel).

Les problèmes qu'il rencontre dans sa vie tirent d'autant plus leurs sources de l'une de ces dimensions.

Croire que la vie est seulement physique est la source de déséquilibre dans la vie de plusieurs. Ignorer un aspect de sa nature, c'est faire échouer d'avance toute solution suggérée face à un défi.

La vie spirituelle est l'une des plus importantes, mais il arrive pourtant que les gens banalisent le fonctionnement du monde spirituel, et le résument à des pratiques qu'ils ont vues autour d'eux ; ce qui est le résultat du désordre, des incompréhensions et des frustrations.

Pourtant, la sphère spirituelle est régie de lois que vous devez connaître afin de mieux opérer dans cette dimension.

L'une des premières lois stipule que Dieu a créé les hommes avec le pouvoir de faire des choix qui ont une influence sur leur propre existence.

Aussi, la monnaie principale dans le monde spirituel est le sang. Tout s'obtient par le sang.

Mieux vous connaîtrez les lois spirituelles, mieux vous serez en mesure de faire des prières efficaces en marchant dans l'assurance. C'est par ailleurs ce qui vous gardera des fausses doctrines, des tromperies et des séducteurs de ce monde.

Leur avantage est qu'elles vous donnent de l'avance sur votre vie physique. Vous avez alors les clés pour résoudre les défis du monde spirituel, mais encore pour triompher sur les situations d'obstacles qui peuvent surgir dans votre vie quotidienne.

Une chose dont vous devez être conscient (e) dans le monde spirituel, est qu'il n'existe que deux camps bien définis : celui de Dieu et celui de l'ennemi, le diable.

Leçon 9

Être maître de son corps

Vous convenez que vous ne pouvez être maître de ce qui vous rend esclave si vous l'ignorez. Être maître de son corps va au-delà du sport pour affiner sa silhouette et être en pleine forme ; c'est dominer les convoitises de la chair qui sont : « les pensées impures, la sensualité, l'immoralité, l'indécence, le libertinage, l'adultère, la débauche, l'adoration de faux dieux, les superstitions, l'occultisme, la sorcellerie et la magie. Puis les inimitiés, les discordes et les querelles, la jalousie, le mauvais caractère, les accès de colère, les intrigues, les cabales, les rixes, les rivalités inspirés par les ambitions égoïstes et aboutissant à des dissensions et des scissions dans l'église. C'est l'esprit de parti, le sentiment d'être seul dans la vérité, ce sont les fausses doctrines et leur cortège de divisions, la haine, l'envie, l'ivrognerie, la gloutonnerie, les beuveries, les ripailles et autres excès de ce genre ».

Voici le secret pour être maître de son corps : d'abord, acceptez Dieu dans votre vie et ensuite obéissez au Saint-Esprit en Le laissant vous conduire.

La chair est inimitié aux choses de Dieu ; elle ne veut jamais prier, méditer la Parole ; raison pour laquelle vous devez la crucifier en la disciplinant à faire ce qu'elle n'aime pas, ce que Dieu veut.

Une chose fondamentale est que le Saint-Esprit travaille avec votre soif de voir une transformation ; la décision doit venir d'abord de vous et ensuite Lui, Il travaillera.

L'indicateur révélateur que vous êtes maître de votre corps est la manifestation du fruit de l'Esprit.

C'est un processus et un combat quotidien. Vous y arriverez certainement ; tenez ferme !

Leçon 10

Bannissez le doute !

Madame « interrogation », la connaissez-vous ? Celle qui hante votre esprit lorsque vous faites face à une situation difficile ; celle qui vient par ses « est-ce que », qui réveille vos limites et crée le doute en vous.

Aujourd'hui, madame « interrogation » doit quitter votre vie et laisser place à qui de droit : la Parole vivante.

Aujourd'hui plus que jamais, soyez déterminé (e) à répondre au doute et à vos inquiétudes par la Parole de Dieu. Celle-ci est une voix ; une voix comme celle d'un ami ou d'un parent ; mais bien plus, Elle est plus réelle et plus puissante que la leur.

Lorsqu'une personne ne cesse de vous dire que vous êtes intelligent (e), même si au départ vous n'avez pas confiance en vos propres capacités intellectuelles, vous serez animé (e) d'une force pour faire extérioriser cette intelligence.

La Parole de Dieu est celle qui vous nourrit de paroles vraies, et qui vont vous changer afin que vous viviez comme que le voudrait le Père.

Toutes les fois que vous êtes dans le doute, c'est dire à Dieu inconsciemment que vous ne croyez pas en ce qu'Il vous a dit.

Lorsque vous êtes triste et accablé (e), le diable est heureux. Alors, refusez de lui donner ce privilège.

Dieu est heureux lorsque vous Lui faites confiance, car c'est votre foi qu'Il agrée.

Leçon 11

Tenir sa langue !

Tenir sa langue, c'est tout un exercice. Plusieurs personnes aujourd'hui ne contrôlent pas leur langage ; elles s'expriment par moment comme elles le ressentent.

La Parole de Dieu est censée nous transformer, nous assagir, nous rendre matures et non le contraire ; alors vous devez travailler à être prompt (e) à écouter, et lent (e) à parler.

Le fruit de la Parole de Dieu en vous s'observe en grande partie dans la tempérance de votre langage.

Leçon 12

Éloignez-vous de l'orgueil !

L'orgueil est défini selon le dictionnaire une vanité qui porte à se mettre au-dessus des autres. Alors, présenté ici comme une vanité, l'orgueil est pour ce faire une œuvre de la chair, un caractère qui ne vient pas de Dieu.

Vous devez marcher selon l'Esprit. Cela veut dire vivre selon les directives de Dieu à travers Son Saint-Esprit qui est en vous. C'est aussi abandonner et fuir le péché qui souille le corps, l'âme et l'esprit.

L'orgueil est un péché qu'il faut obligatoirement et nécessairement fuir, car la Parole de Dieu enseigne que Dieu résiste aux orgueilleux. C'est pourquoi l'orgueil est un mauvais caractère qui ne doit même pas faire partie de votre vie.

Certains pourraient dire qu'il y a l'orgueil positif et l'orgueil négatif, mais sachez que cela n'écrit nulle part. L'orgueil c'est l'orgueil ! Utilisez cela pour excuser votre péché, et Dieu à Son tour n'hésitera pas à vous détruire.

Penser ou se permettre de croire que vous êtes au-dessus des autres est un péché devant Dieu, et c'est chercher à prendre même la place de Dieu.

Leçon 13

La prière efficace par les pensées

Toute prière qui ne vous apporte pas des résultats ou qui ne laisse pas de traces dans votre caractère est inutile. La mauvaise compréhension de cette vérité a amené plusieurs enfants de Dieu à se vanter de la quantité du temps qu'ils investissent dans la prière, et non des résultats.

Si vous demandez à des personnes qui prient : sur une échelle de 1 à 10, à combien pouvez-vous évaluer votre taux d'exaucement (résultat) ? La plupart répondront avec une valeur en dessous de 5. Ce constat est tragique !

Le manque d'exaucement a produit une mauvaise perception de la prière. « Je prie et le reste c'est Dieu qui S'en charge » ; cette phrase paraît spirituelle mais elle est dépourvue de la vérité divine.

La prière et l'exaucement, tous deux, dépendent de celui qui prie. Si vous n'obtenez pas de changement par votre prière, ce n'est nullement la faute de Dieu mais la vôtre.

C'est à vous de demander, de croire et de voir. Tout est de votre responsabilité. Le plus important n'est pas seulement ce que vous demandez en priant, mais ce à quoi vous pensez après avoir prié. Quel est l'état de vos pensées après la prière ?

Plusieurs ne voient pas la manifestation de leurs requêtes, pas seulement parce qu'ils prient mal, mais parce qu'ils n'ont pas de bonnes pensées après avoir prié.

La qualité des pensées que vous entretenez après la prière peut court-circuiter l'accomplissement de celle-ci.

Leçon 14

Parvenir à la méditation qui transforme les pensées

Vous ne pouvez faire comme votre Père si vous ne pensez pas comme Lui.

La pensée divine produit les activités divines.

La méditation qui apporte un renouvellement de vos pensées va de pair avec la compréhension. Avoir une information et la comprendre sont deux choses différentes.

Plusieurs d'entre vous se contentent de recevoir des informations venant de Dieu sans les comprendre.

Si vous voulez voir vos pensées transformées, exercez cette pression qu'est la compréhension. Il s'agit de prendre la Parole de Dieu dans toutes Ses formes, d'engager votre cœur et votre cerveau dans une profonde réflexion.

Leçon 15

Vos paroles affectent vos pensées !

Faites cet exercice ! Demandez à une personne de commencer à compter intérieurement de 1 à 10, et dans le même temps parlez lui d'un autre sujet. Ensuite, demandez-lui si elle a pu compter ; la réponse sera certainement non. Ce qui s'est passé, c'est que la parole a interrompu la pensée, tout simplement parce que la Parole est une pensée exprimée.

Lorsque vous écoutez une parole, vous recevez une pensée. Et puisqu'il est difficile voire impossible de penser à deux choses à la fois, une manière pratique de contrôler vos pensées c'est de parler.

Il ne s'agit pas de parler pour ne rien dire, mais de déclarer une parole de vérité. La grande bataille des enfants de Dieu se situe au niveau de leurs pensées. C'est même à ce niveau que le diable déploie ses plus grandes armes. Comme il est le père du mensonge et l'homme de l'iniquité, il infiltre la pensée de plusieurs et contrôle leurs actes. Il faut faire recours au pouvoir de la Parole.

La Parole affecte la pensée surtout lorsque vous savez L'utiliser comme une épée. Utiliser la Parole comme une épée fait référence à La déclarer.

Vous devez exercer votre bouche à redire sans cesse les lois divines ; ainsi, vos pensées se soumettront elles aussi.

Leçon 16

Neutralisez les pensées impures !

Du grec « Phroneo », la pensée signifie le fait de diriger son esprit vers une chose. Elle se manifeste sous forme d'idée, d'intention ou d'aspiration qui, lorsqu'elle est nourrie, affecte le comportement et l'attitude de la personne qui la conçoit. C'est votre mode de pensée renouvelé par le Saint-Esprit qui vous rend capable de connaître et de comprendre ce que Dieu attend de vous.

Le diable, sachant que ce sont vos pensées qui déterminent vos actions, vos habitudes et donc votre destinée, utilise tous les moyens possibles pour vous détourner de la voie de votre Père.

Une pensée impure représente un piège ou un rocher qui fait trébucher.

Les pensées impures peuvent provenir de votre propre convoitise, des esprits impurs ou de votre entourage.

Cependant, la méthode pour les réduire au silence est la même : vous devez premièrement exposer ces pensées à la lumière de la Parole de Dieu. La seconde étape importante est de rompre tout lien avec la source des mauvaises pensées.

Il est inutile de connaître la volonté de Dieu et de continuer à côtoyer ces choses qui militent contre elle dans votre vie.

C'est insuffisant de reconnaître les mauvaises pensées ; vous devez absolument vous séparer de leurs sources.

Leçon 17

Comment développez des pensées saines ?

Il vous est peut-être arrivé de penser qu'il était normal d'avoir parfois de mauvaises pensées. Non ! Prenez garde. Ce que vous pensez a le pouvoir d'impacter votre vie ; raison pour laquelle vous devez absolument développer des pensées saines. Peu importe qui vous êtes, si vous n'êtes pas en paix, vos pensées seront troublées.

L'étape première consiste à ne pas vous inquiéter. Ce que plusieurs personnes pensent, c'est qu'il faut demander à Dieu pour ne plus s'inquiéter ; ce qui n'est pas juste. C'est parce que vous ne vous inquiétez pas que vous demanderez de façon excellente.

Ensuite, il vous faut faire connaître vos besoins à Dieu. C'est l'étape où vous devez exposer à Dieu, clairement et précisément, ce dont vous avez besoin ; c'est l'étape où vous confessez, déclarez ce que vous aimeriez vivre conformément à la Volonté de Dieu.

Ainsi, la paix qui dépasse toute compréhension humaine remplira votre cœur, et vous vous verrez entrain d'avoir des pensées saines. Cette paix qui vient de Dieu surpasse toute la compréhension de l'Homme. C'est une paix qui vous amène à ne regarder qu'à Dieu.

Il n'y a que cette paix qui peut vous amener à connecter vos pensées à Dieu. Alors, faites attention à l'origine de votre paix et à l'effet de celle-ci dans votre vie. Car de votre paix dépendra combien vos pensées seront liées à Dieu.

Leçon 18

La puissance de l'imagination

Les femmes sont réputées pour développer une très grande imagination ; en particulier quand il s'agit de leur mariage.

Je ne peux vous assurer que toutes celles qui continuent d'y croire et qui prennent les bonnes décisions y parviendront un jour. Le problème est que les réalités de la société et les difficultés du quotidien ont éloigné plusieurs, hommes comme femmes, de l'espérance d'une vie merveilleuse en dehors du mariage.

Il arrive même que vous imaginez un avenir sombre, loin de ce que Dieu aurait voulu pour vous. Certains s'imaginent vivre des situations tragiques, tristes et peu commodes dans leur futur. Mais il serait grand temps que vous vous réveilliez de votre cauchemar et que vous réappreniez à connaître Dieu.

Si vous vous attendez à Lui, et affirmez avoir foi en Lui, vous ne pourrez limiter Son intervention ; car Il fait toujours au-delà de ce que nous pensons. Autorisez-vous à voir grand désormais, et changez votre perception de la vie.

Même si la vie a été tumultueuse autour de vous, Dieu peut toujours vous surprendre en utilisant votre foi. En réalité, votre imagination est directement liée à votre foi ; car, lorsque vous avez la foi en Dieu et que vous croyez qu'Il va intervenir, vous ne pouvez qu'imaginer le meilleur.

Activez alors votre esprit à dépasser les limites qu'on vous a imposées dans votre société, et laissez votre esprit voyager dans la direction des plans de Dieu.

Ce que vous imaginez motivera vos actions et vous donnera la force de persévérer dans la prière et dans les petites actions.

Leçon 19

Acquérir la sagesse dans vos relations !

En effet, le mot « sagesse » est défini comme un concept utilisé pour qualifier le comportement d'un individu, souvent conforme à une éthique, qui allie la conscience de soi et des autres, la tempérance, la prudence, la sincérité, le discernement et la justice s'appuyant sur un savoir raisonné.

La sagesse fait preuve d'un jugement droit, sûr, averti dans ses décisions, ses actions.

Ce qu'il faut retenir est que la sagesse est un caractère, une attitude que tous doivent chercher.

Un homme sage qui sait compter sur le Seigneur, demande l'orientation du Seigneur en tout et pour tout. Malgré tout, il ne vous suffira pas seulement d'être sage ; il vous faudra la mise en pratique de cette sagesse dans vos relations.

Appliquer de la sagesse dans vos relations vous permet de racheter le temps.

Avec l'aide du Saint-Esprit, quoi qu'elle ne soit pas facile, elle est primordiale pour celui/celle qui veut être imitateur/imitatrice de Dieu ici-bas.

Ayez toutes ses vertus, et Dieu bénira toujours vos relations avec les autres.

Leçon 20

Connaître ses ennemis pour mieux les affronter

Ne sous-estimez pas la réalité du monde spirituel. Ce monde est plus réel que vous pouvez l'imaginer. Contrairement à ce que vous pensez, vous n'avez pas à lutter contre votre entourage, mais plutôt à lutter contre les esprits qui motivent les actions de celui-ci.

Ce qui doit attirer votre attention c'est la pensée, ou encore l'esprit qui motive la mauvaise action qui vous a probablement fait mal.

Satan est le prince du monde des ténèbres. Pour comprendre ce qu'est une principauté, pensez au mot prince qui vient du grec Archegos ; « arche » qui signifie chef et le suffixe « ago » qui signifie accompagner à un lieu. Une principauté est un chef qui règne sur un espace géographique, une nation.

Les principautés ont des influences par nation.

Ce type d'ennemis a la possibilité de juger comme le font les juges parce qu'un crime a été commis.

Les autorités agissent donc lorsque vous leur en donnez l'occasion par votre désobéissance.

Les princes du monde des ténèbres sont aussi des ennemis. Le monde des ténèbres implique automatiquement le monde de l'ignorance ! Leur activité serait en particulier liée à maintenir les hommes séparés de Dieu par leur ignorance, les pousser au désir, les éloigner de Dieu.

Les esprits méchants dans les lieux célestes sont aussi vos ennemis. Composés d'un nombre incalculable de démons, ces esprits poussent l'espèce humaine dans les péchés grossiers, réveillant les passions animales et les incitant à toutes sortes de désirs sensuels.

Dans tout cela, Dieu vous a déjà donné la victoire. Alors, vous êtes le canal par lequel Dieu veut révéler Sa sagesse à toutes les puissances du monde des ténèbres.

Soyez-en conscient (e).

Leçon 21

La peur et le doute : complices redoutables de l'ennemi

La peur, dans sa définition étymologique, est une émotion généralement désagréable ressentie face à ce que l'on considère comme un danger. Quant au doute, il peut être défini comme un état d'esprit marquant l'incertitude vis-à-vis de l'existence ou de la véracité d'une chose.

Ces définitions permettent de comprendre que la peur et le doute sont propres à la nature humaine, avis que les scientifiques acquiescent. Bien que souvent utiles (par exemple, le doute, face à certaines normes établies, peut pousser quelqu'un à chercher une meilleure voie ou par peur de faire un accident, le conducteur va respecter certaines précautions ; le code de la route), ces éléments sont reconnus pour leur aspect négatif.

En effet, le doute altère votre personnalité, votre caractère, vos exploits et acquis ; tandis que la peur vous dépouille de toutes ou d'une partie de vos facultés.

Le doute dépouille et la peur paralyse. Voilà pourquoi Satan, le malin, s'en sert comme des alliés de premier choix pour assujettir les hommes. Il vous faut donc vous en débarrasser.

La connaissance de la vérité contenue dans la Parole, dissipe les ténèbres du doute et vous donne le courage d'affronter ce que vous craignez.

Ne vous contentez donc plus de savoir la vérité mais aspirez à la connaître.

Leçon 22

Il vous faut vous asseoir avant de courir

« Asseoir », ici, revient à la préparation. Il vous faut donc vous préparer avant de courir. Voyez « courir » dans tous les aspects de votre vie (spirituel, professionnel, matrimonial, etc.).

Lorsque vous courez, vous dépensez de l'énergie ; vous ressentez très souvent des douleurs. Cependant, la douleur que vous ressentez durant la course fait moins mal lorsque vous gagnez, par rapport à celle que vous pouvez ressentir lorsque vous perdez.

C'est pourquoi, il est important de se préparer avant une course, car la qualité et l'issue de votre course sont liées à la qualité de votre préparation.

Sans formation et sans discipline, la victoire sera toujours hors de votre portée.

Il faut avoir un principe fort de vos appétits, passions et habitudes. Un athlète qui veut gagner entre dans la formation stricte.

Pour exceller, un athlète doit se préparer. L'être humain a besoin de séances d'entraînements spirituelles : le temps dans la prière, la Parole de Dieu, l'adoration.

Vos capacités à courir sont le reflet de ce que vous avez développé dans le lieu secret. Celui-ci est fait pour que vous rencontrez Dieu, afin qu'Il vous donne Son Esprit qui saura à Son tour vous aider dans la course.

N'oubliez cependant pas que la terre avant la création était informe et vide, et c'est ce qui a favorisé sa modélisation. Vous serez modelé (e) et prêt (e) à courir pour la victoire, si vous acceptez de passer par la préparation (informe et vide) devant Dieu.

Leçon 23

Soyez sobre et ferme !

La sobriété se définit comme la qualité de quelqu'un qui se comporte avec retenue, et la fermeté comme l'état de ce qui est assuré et décidé.

Dans le couloir de notre destinée avec Dieu, il y a une vérité à réaliser : Dieu veut que vous accomplissiez votre destinée ; le diable et votre chair non. C'est pourquoi vous devez être sobre et ferme.

Être sobre implique que vous soyez pleinement conscient (e) et ayez le contrôle. Cette qualité vous confère la capacité de veiller pour ne pas donner accès au diable.

Dans le cas de la sécurité, l'agent de sécurité est à son poste, pour empêcher un individu ayant l'intention de nuire au personnel et à l'entreprise d'y entrer. S'il s'endort ou s'il est soûl, il faillira à sa mission.

Vous êtes le vigile de votre vie ; vous devez rester à votre poste car Dieu votre boss vous a confié Son entreprise (vos dons, talents, Ses projets) pour un but.

Vous avez le choix de laisser l'intrus pénétrer ou pas, et c'est la raison pour laquelle la sobriété ne suffit pas ; la fermeté s'impose. Vous devez être incorruptible et inébranlable.

Le diable par plusieurs moyens essayera de vous en dissuader, mais vous devez toujours garder la Parole de Dieu peu importe les épreuves et tentations.

Vous n'êtes pas la seule personne autour de qui le diable rode, car les mêmes souffrances sont imposées à tous partout dans le monde. C'est la raison pour laquelle vous devez lui résister avec une foi ferme, une foi inébranlable.

C'est une décision personnelle quotidienne que vous devez prendre en vous appuyant sur le Saint-Esprit et la Parole.

La tragédie n'est pas de passer par des épreuves, mais la tragédie est de perdre la foi parce que vous passez par des épreuves.

Dieu veut vous amener loin avec Lui mais c'est de votre responsabilité de veiller. Veillez et priez afin de ne pas tomber en tentation.

Faites également attention aux mauvaises compagnies, car elles corrompent les bonnes mœurs.

Soyez sobre et ferme ; votre destinée en dépend !

Leçon 24

Ne soyez pas corrompu (e) par le monde !

Le monde actuel est un système basé sur tout ce qui transgresse la loi et la volonté de Dieu. Se laisser corrompre par le monde est le fait de pratiquer, se tourner vers tout ce qui est contraire à la volonté de Dieu ; aussi d'aimer les choses que le monde vous propose.

La corruption vous amènera à renier votre identité et à mettre de côté vos bonnes valeurs, afin de vivre selon le monde. Faire cela vous disqualifie de l'amour de Dieu.

Vos raisonnements et agissements doivent donc être calqués sur le Royaume de Dieu et non sur le monde.

Dieu a fait de vous des lumières et sels pour que vous éclairez et apportez de la saveur à ce monde. C'est pourquoi, vous êtes amené (e) à vivre à l'intérieur de ce système.

Le monde pour vous corrompre va vous présenter des personnes qui réussissent sans connaître Dieu. Le piège c'est qu'ils n'ont pas l'Esprit de Dieu et que leur fondement est éphémère.

Quand vous ne savez pas quelle position vous avez dans le spirituel, quand vous n'avez pas conscience de ce qu'est un véritable enfant de Dieu, vous avez des risques d'être séduit (e) et vous laisser emporter par des attraits.

Le Saint-Esprit, l'Esprit de vérité est le Seul capable de renouveler votre intelligence, afin d'enlever en vous tout système du monde qui pourrait paraître normal à vos yeux.

Soupirez ardemment après le Saint-Esprit à tout moment.

Vous avez le Saint-Esprit, la puissance, la Parole ; ce qu'il faut c'est d'aller gagner le monde. Pour éviter d'être corrompu (e) par le monde, il faut gagner le monde pour Dieu.

Leçon 25

Travaillez sans relâche

De nos jours, tout devient plus simple. Les nouvelles technologies sont chaque jour développées afin de nous faciliter la vie. Tout est désormais automatisé et ceci contribue bien souvent à développer nos routines paresseuses.

Dieu ne nous a pas appelés à la paresse mais plutôt à la diligence.

Le travail est le moyen que Dieu a fourni afin de permettre à l'Homme d'accomplir sa mission sur la terre.

Nous avons tous une destinée sur cette terre ; de même que Dieu plaça l'homme dans le jardin afin qu'il en prenne soin, Il vous a placé sur la terre dans un but, et c'est par le travail que vous arriverez à l'accomplir.

Dieu vous a doté (e) de cette capacité à pouvoir travailler, de manière à ce que cela produise des résultats, tout en fructifiant l'œuvre de vos mains.

L'homme physique est naturellement motivé par la récompense.

Tant que vous ne regarderez pas à la récompense que Dieu vous accorde lorsque vous êtes diligent (e), mais plutôt à l'impact que Dieu aura au travers de vous, vous verrez croître votre capacité à agir qu'importe les difficultés.

Vous verrez que vous êtes capable de travailler et produire des résultats plus que satisfaisants.

Leçon 26

Entretenez votre vision

En effet, tout rêve, tout désir, toute vision noble qui naît dans votre cœur n'est pas que le fruit de votre imagination ; ils vous sont transmis par Dieu et sont les premiers signes de la bénédiction du Seigneur dans votre vie.

Ce que Dieu attend de nous lorsqu'Il nous communique des messages aussi importants pour notre futur, c'est que nous les considérons en les gardant soigneusement dans un coin de notre cœur.

De nos jours, ils peuvent être transmis sous forme de prophéties, de visions, de songes ou par une pensée reçue. Si la vision n'est pas claire dans votre esprit, faites confiance à Dieu pour la rendre plus compréhensible pour votre esprit.

Ne vous arrêtez pas en chemin ; continuez de questionner votre Père et appropriez-la-vous, tout en gardant un esprit d'humilité et de reconnaissance, car peu importe la grandeur de ce que vous auriez pu percevoir, Dieu est l'unique auteur et vous bénéficiez de Sa grâce.

Si elle tarde, demandez au Seigneur l'accomplissement des choses révélées et mettez-vous à l'action. Faites ce qu'Il vous demande et obéissez sans hésiter.

Leçon 27

Apprenez à développer le calme

Discerner la volonté de Dieu est un exercice crucial de la vie des hommes. Tout le monde y passe et y passera plus ou moins à l'étape de la maturité. Ce sont ceux qui ont compris l'importance et la suprématie qu'a Dieu dans leur vie, qui décident de mettre leur volonté de côté pour se plier à celle du Seigneur.

La réalité est que lorsque vous êtes face aux décisions et choix de votre vie, le choix que vous êtes amené (e) à faire n'est pas toujours écrit dans la Parole de Dieu. Alors les questions se posent sur la véracité de ce que vous croyez être vrai, sur votre perception des choses et sur ce que Dieu pense d'une telle décision.

Pendant que vous vous questionnez, il arrive que plusieurs réponses vous soient proposées par vos pensées, les sentiments émanant de votre âme ou même des personnes autour de vous ; ce qui peut encore atténuer votre vision du chemin à prendre.

En effet, lorsque vous vous trouvez dans une situation pareille, vous avez encore la possibilité de discerner l'orientation que Dieu a pour vous. Loin de ce que vous pouvez imaginer, vous ne rencontrerez pas Dieu dans le trouble et l'agitation mais dans la confiance et le calme. C'est pourquoi en toute chose fuyez le trouble pour vous réfugier dans le calme de Sa présence.

Le calme c'est d'abord à l'intérieur de vous, pour faire taire toutes les pensées malveillantes et d'insécurité qui viendraient vous faire douter de votre Dieu. Elles peuvent même vous empêcher de prier de manière efficace.

La paix est déjà en vous par le Saint-Esprit, et c'est le lieu de rencontre par excellence que Dieu vous donne pour recharger votre force.

C'est dans le calme et la confiance que sera votre force. C'est à vous de décider aujourd'hui de rechercher ce calme, mais encore de le conserver. C'est là votre plus grande source de force et de salut dans plus d'une situation.

Leçon 28

Ne vous laissez pas égarer par vos envies

On distingue deux catégories d'œuvres à savoir : les œuvres selon la chair qui sont contraires à celles de l'Esprit et qui sont inimitiés contre Dieu et celles de l'Esprit par lesquelles vous êtes appelé (e) à marcher.

Les envies, définies comme les désirs ou penchants de votre être charnel, vos goûts et vos intérêts personnels font évidemment partie de la première catégorie d'œuvres. Cela n'est pas le cas des œuvres selon l'Esprit de Dieu qui se manifestent beaucoup plus par des inspirations.

Vous pourrez donc avoir envie de satisfaire des désirs sexuels, de manger ou de boire à l'excès et de poser des actes contre-nature, car ce sont des réclamations de votre chair. Mais vous serez toujours inspiré (e) à prier, méditer, parler de la part de Dieu et faire de bonnes œuvres parce que ce sont des actes motivés par l'Esprit.

Malheureusement, l'une des conséquences dramatiques que produit la manifestation des envies est le regret.

Remarquez donc qu'au-delà de vous communiquer un plaisir ponctuel, les envies vous retirent surtout des biens et richesses spirituels qui ont beaucoup plus de valeur et de prix que ce pourquoi vous les avez échangés.

Et bien au-delà de vous culpabiliser, ces mêmes envies conduisent vos prières à être vides et spirituellement inefficaces.

La bonne nouvelle, toutefois, c'est de savoir que vous pouvez les dominer si vous vous appliquez à « veiller » sur les attitudes que vous adoptez pour ne pas vous y exposer et à « prier » afin que la force qui vient de l'Esprit vous soit communiquée.

Leçon 29

Développez la maîtrise de soi !

Privilégiez l'amour qui est aveugle devant la haine et les persécutions que vos détracteurs vous imposent.

Bien entendu, la responsabilité de fermer les yeux sur le préjudice subi n'est pas celle de Dieu, mais reste bel et bien la vôtre. Toutefois, cet acte d'amour que vous manifesterez est totalement dépendant de la force que Dieu vous donne au travers du fruit de l'Esprit, dont l'une des manifestations est la tempérance aussi désignée comme la maîtrise de soi.

Aussi, remarquez la nuance entre le terme « Maîtrise » qui désigne un contrôle absolu de l'objet, et le « soi » qui fait référence aux ressentis de votre âme, vos émotions et vos envies.

Naturellement, vous constaterez qu'une personne ivre d'alcool n'est plus maîtresse d'elle-même et de ses émotions, au point de poser des actes parfois contre-nature et qu'elle n'aurait jamais réalisés dans un état de conscience absolue.

Seulement,cela reste tout aussi valable si vous êtes ivre de l'Esprit Saint qui Lui, vous amènera plutôt à voir la gloire dans le chaos et à manifester le caractère de Dieu dans l'adversité.

Ainsi, une attitude s'impose si vous voulez développer votre maîtrise de soi : demandez un peu plus de la portion du Saint-Esprit que vous aviez déjà reçue.

Leçon 30

Ne vivez pas dans l'hypocrisie !

Le monde dans lequel nous sommes est en proie à la duplicité, au mensonge, à l'hypocrisie et à la fausseté. Malheureusement, ces vices se sont infiltrés dans l'église.

Être hypocrite, c'est dire des choses que vous ne faites pas, faire semblant d'être ce que vous n'êtes pas. C'est mépriser les autres sans tenir compte de vos propres failles.

Les hypocrites sont malheureux et attirent sur eux le malheur. Dieu ne veut pas que vous meniez une double vie, Il désire plutôt que vous soyez vrai (e), sans duplicité, et ceci améliorera votre qualité de vie.

Soyez vrai (e) et sincère au quotidien !

Leçon 31

L'humilité, la clé de l'élévation

Pour commencer, il est important de comprendre que l'humilité n'est pas d'abord une attitude extérieure, mais de cœur.

Plusieurs diront qu'une personne est humble parce qu'elle agit ou s'habille de telle manière ; mais comme le dit cet adage : « l'habit ne fait pas le moine ». Il y a des pauvres orgueilleux et des riches orgueilleux.

L'orgueil n'est pas un péché de luxe, mais un péché de cœur. Deuxièmement, l'humilité n'est pas le fait de nier son identité ou sa position pour se confondre à la masse ; c'est bien le contraire. Il est impossible de dire que vous manifestez l'humilité étant ignorant (e) de qui vous êtes.

Dans le mot même, il y a le sens de s'humilier, se rabaisser. Mais si vous êtes rabaissé (e) sans conscience de votre position, vous êtes un (e) esclave, rien à voir avec l'humilité. Car l'humilité requiert une action volontaire et non un assujettissement extérieur.

L'humilité est un sentiment qui devient une action ; aussi, l'humilité est la clé de l'élévation. C'est ici le secret des grands, l'humilité est un tremplin qui nous fait monter à une position élevée en échange d'une position actuelle.

Nul ne peut s'élever lui-même ; l'élévation vient d'un supérieur qui trouve dans un inférieur le cœur de serviteur.

Vous ne devez pas nier votre position, mais vous devez vous rabaisser avec ce titre en vous mettant au service des autres ; voilà ce qui déclenche l'élévation.

C'est là le principe de perdre pour recevoir qui n'est rien d'autre que l'humilité.

Leçon 32

Assainissez vos relations pour ne pas être impur !

Nous avons un impact les uns sur les autres, avec les personnes que nous fréquentons.

Lorsque vous côtoyez quelqu'un, vous discernez ses valeurs et sa conception du monde.

Sachez que les habitudes des personnes qui vous entourent peuvent constituer votre norme, même si elles ne sont pas les bonnes.

Ne vous contentez pas seulement de marcher avec des personnes qui craignent Dieu ou vous éloigner des incrédules, allez jusqu'aux valeurs qu'une personne porte.

Par-dessus tout, demandez la grâce et le discernement du Saint-Esprit qui ne peut que vous éclairer mais encore permettra des situations pour vous sortir de ce mauvais lien relationnel et vous ouvrir les yeux.

Seulement, soyez prêt (e) à accepter Sa direction !

Leçon 33

La persévérance, la clé du succès !

Ne jamais abandonner face aux obstacles et aux échecs.

Ne vous laissez pas décourager par les échecs.

La persévérance vous permettra de surmonter les obstacles et d'atteindre vos objectifs.

Leçon 34

Cultivez l'empathie !

Cultivez l'empathie envers les autres et comprendre leurs expériences peut conduire à des connexions humaines plus profondes.

Leçon 35

La discipline mène au succès !

La discipline quotidienne est la clé du succès à long terme.

Établissez des habitudes positives et tenez-vous-y.

Leçon 36

Ne vous sous-estimez pas !

Vous êtes capable de réaliser beaucoup plus que ce que vous croyez.

Ne limitez pas votre potentiel en doutant de vous-même.

Leçon 37

Travaillez sur vous tous les jours !

Engagez-vous à devenir la meilleure version de vous-même chaque jour.

Cessez de vous comparer aux autres si vous n'êtes pas capable de vous trouver à votre meilleur niveau.

Leçon 38

Faites des plans pour tout !

Ayez l'habitude de faire des plans pour tout (santé, famille, business, etc.).

Leçon 39

Passez à l'action !

Ne vous contentez pas de rester assis et d'attendre que les choses se passent.

Agissez chaque jour pour atteindre vos objectifs.

Leçon 40

Concentrez-vous sur le présent !

Ne vous attardez pas sur le passé et ne vous inquiétez pas pour l'avenir.

Concentrez-vous simplement sur le présent et accomplissez les tâches nécessaires le mieux possible.

Vous ne pouvez pas construire votre avenir en regardant en arrière.

Table des matières

Printed by Books on Demand GmbH, Norderstedt / Germany